VISITES

FAITES DANS DES ATELIERS DE SCULPTURE

ET AUTRES INDUSTRIES

TANT A ROME QU'A FLORENCE,

EN 1841.

PAR M. LEJEUNE,

CHEF D'ESCADRON D'ÉTAT-MAJOR EN RETRAITE.

PAU,
IMPRIMERIE DE É. VIGNANCOUR.
—
1861.

VISITES

FAITES DANS DES ATELIERS DE SCULPTURE

ET AUTRES INDUSTRIES

TANT A ROME QU'A FLORENCE,

EN 1841,

PAR M. LEJEUNE,

CHEF D'ESCADRON D'ÉTAT-MAJOR EN RETRAITE.

PAU,
IMPRIMERIE DE É. VIGNANCOUR.
—
1861.

VISITES

FAITES DANS DES ATELIERS DE SCULPTURE

ET AUTRES INDUSTRIES

TANT A ROME QU'A FLORENCE, EN 1841.

Avant d'aller étudier les grandes beautés des environs de Naples, dont plusieurs feuilletons vous ont donné une faible image, nous fûmes visiter à Rome les ateliers des sculpteurs les plus distingués. M. le comte Hawks Lagrice, gentilhomme irlandais, attaché au palais de S. S. nous y présentait.

Ce chambellan du pape Grégoire XVI, homme instruit, aimable et fort modeste, avait fait des productions des artistes un historique intéressant. Mais avec le désir d'aider à la réputation de tous, il s'était cependant vu dans l'obligation de parler d'un grand nombre, non remarquables par leurs talents. Il sortit d'embarras d'une manière très-aimable et spirituelle. Lorsque leurs œuvres de prédilection ne l'inspiraient pas assez, les poètes anglais lui offraient de belles tirades ayant quelque rapport avec le sujet, et les artistes satisfaits d'avoir mérité de tels éloges, ne se doutaient nullement de leur origine.

En parlant de cette branche des Beaux-Arts, la statuaire romaine formant une seule école, le comte Hawks la trouvait facile à juger : les écoles de peinture, au contraire, ayant toutes un caractère, un cachet particulier, il serait moins aisé d'en fixer les gradations.

Canova, selon les maîtres les plus habiles, est maniéré dans le genre sévère, quelquefois peu heureux dans ses poses, ses détails, mais très-supérieur lorsqu'il faut de la grâce. Si ses bas-reliefs ont peu de réputation, ceux de Thornwaldsen en jouissent d'une immense pour l'invention, la pureté des formes et le sentiment; aussi en a-t-il enrichi beaucoup de monuments funèbres. Ses statues également fort estimées le placent à Rome au-dessus de Canova. Toutefois, dans le genre ingrat des bustes, il s'est montré très-inférieur. Beaucoup de sculpteurs, à moins d'avoir un modèle d'une grande beauté, ne voudraient pas lui consacrer leur ciseau, bien moins encore à ces statuettes destinées aux boudoirs des petites maîtresses : malheureusement pour l'art, ce dernier genre reçoit les ordres les plus nombreux.

Les mœurs actuelles et les constructions modernes sont très-défavorables à la sculpture, car ces travaux, toujours fort coûteux, exigent de grands locaux. Il en est de même des tableaux; ceux de genre sont à la portée de beaucoup de fortunes; mais les tableaux d'histoire conviennent presque exclusivement aux galeries, très-rares ailleurs qu'en Italie où résistent plus longtemps les palais et les mœurs aux révolutions des siècles.

Dans cette course artistique, je fis observer à M. Hawks combien les beautés du corps sont elles-mêmes esclaves de la mode. Pour être admiré, le buste d'une femme doit réunir une taille fine à de larges épaules, bien loin en cela de ressembler à la Vénus de Médicis et aux autres belles antiques : il en convint; mais le modèle romain, répondit-il, est toujours antique.

On voit à Rome plusieurs jeunes et fort belles femmes servant de modèle, dans le plus simple appareil Il en est principalement une comparable à la Vénus du Capitole : elle en a toutes les proportions relatives.

Cette magnifique statue, haute de 5 pieds 8 pouces, en marbre de Paros, est dans la même attitude que sa mignonne sœur, la Vénus de Médicis, avec autant de grâce et de pudeur; à ses pieds est déposée une urne couverte d'un manteau.

Dans le jeune modèle, les mouvements, les attitudes réunissent également les grâces les plus pudiques, et les sculpteurs s'empressent de l'étudier ensemble à l'académie. Un jour, à la fin de la séance, elle remettait son premier vêtement : tout à coup, une exclamation générale d'admiration : arrêtez, s'écria-t-on ! et tous, de saisir avec empressement leurs crayons. M. Hawks était là, et me le raconta avec tout le feu d'une imagination méridionale. Eh bien !..... cette femme, jeune et belle, qui, pour un scudo, pose devant une réunion de peintres et de sculpteurs, pendant plusieurs heures, n'a jamais donné lieu à la moindre liberté, au propos le plus léger !

Un autre modèle, un très-bel homme, a fait des études anatomiques et gymnastiques assez approfondies pour engager les sculpteurs les plus habiles à le consulter sur des difficultés que pourrait à peine surmonter leur ciseau, tant le sentiment du beau pénètre l'esprit de l'artiste, à cette époque où la sculpture, depuis le beau temps de Phidias, n'a jamais, à l'exception de Michel-Ange, présenté d'aussi grandes ressources. Michel-Ange, lui-même, me disait M. Hawks, a créé une manière admirée dans son incontestable supériorité; mais que souvent on blâmerait dans un talent secondaire.

Nous avons visité les ateliers de Thornwaldsen, danois; Ténerani, Finelli, Bienaimé, et Wolf, prussien.

Tous sont considérés comme Romains, à cause de leur

long séjour dans cette capitale, et je les ai cités selon leur rang dans l'opinion des artistes.

L'immortel Thornwaldsen est une des preuves vivantes de l'influence du hazard sur l'avenir même du génie, et le sort des plus sublimes inspirations.

Venu jeune à Rome pour y étudier et exercer son art, il avait fait une statue colossale de Jason, dont nous avons vu le plâtre; personne ne songeait à l'acheter. Découragé et sans doute forcé par la misère, il prend son passeport, avec l'intention de retourner dans son pays. Il veut partir, mais un défaut de formalité le retient, et dans ce court intervalle, arrive le banquier Hope, de la Hollande. Il voit Jason, et l'achète aussitôt. Thornwaldsen, consolé, commence une autre statue et se fixe à Rome, d'où ses ouvrages se sont répandus dans le monde entier.

Les quatre ateliers de cet homme célèbre réunissent les plâtres si nombreux de ses statues, bas-reliefs et bustes. On y voit également ceux d'une frise, d'une étonnante longueur, et représentant un triomphe d'Alexandre. Il l'a trois fois exécutée, pour le roi de Bavière, le théâtre de Turin ou de Milan, et pour un prince d'Allemagne. Il y a de plus un fronton très-remarquable; le jeune Apollon est entouré de bergers accourus en foule aux sons de sa Lyre; ils l'écoutent étonnés, tandis que paissent tranquillement leurs troupeaux.

Le duc de Torlonia destine cet ouvrage à l'une de ses villa. Il a demandé également à Thornwaldsen plusieurs statues colossales auxquelles on travaille en son absence, car ce grand homme, malgré sa vieillesse et ses habitudes à Rome, n'a pas oublié sa patrie, et il a voulu la revoir avant cette époque de la vie où l'on ne peut plus se procurer une aussi douce jouissance.

Le duc de Torlonia, protecteur des arts, fait beaucoup travailler les sculpteurs, et possède à Rome une très-belle galerie de tableaux et de statues. Mais sa fortune étant maintenue par l'industrie, il possède de même un superbe hôtel garni, des palais, et presque entièrement un théâtre. Il est censé gagner 200 liv. sterling par jour, et son influence le fait quelquefois nommer le roi de Rome.

On compte 72 ouvrages de Thornwaldsen, et quelques-uns sont composés de plusieurs parties. Telles sont les Quatre Saisons formant des bas-reliefs à deux ou trois figures. L'Hiver est caractérisé par un vieillard à longue barbe et une vieille femme ressemblant, on ne peut plus, à la Prudence de Guillaume della Porta, dans le mausolée de Paul III, à la tribune de St-Pierre. J'en parlerai une autre fois, en donnant une description du Vatican. Ces deux vieilles gens se chauffent autour d'un brasero, avec leur chat, le symbole du froid, comme de l'indépendance.

De deux superbes médaillons, en bas-relief, l'un offre *le Jour*, aux ailes déployées, soutenant sur ses épaules le petit Lucifer avec son flambeau dans une main, et de l'autre semant des fleurs sur son passage : l'autre médaillon, bien plus poétique, présente *la Nuit*, la tête couronnée de pavots, et malgré le déploiement des ailes, penchée par le Sommeil ; elle tient dans ses bras deux enfants également endormis.

Un troisième et grand bas-relief, plein de sentiment et de grandeur d'âme, rappelle un malheureux jeune homme mort peu de temps après avoir reçu de ses concitoyens une couronne civique, le prix de son courageux dévouement dans un incendie. Cette victime de son humanité remet sa couronne à son frère, et meurt en la lui montrant comme devant être le but de toutes ses actions..... Celui-ci le comprend et mêle aux regrets de ce dernier adieu l'espoir de se rendre digne d'une récompense aussi glorieuse !

On y voit également les trois grâces, Aglaé, la plus jeune, Euphrosine et Thalie, personnifiant la gaîté, l'agrément et la beauté. Ce sont les trois compagnes inséparables de Vénus, quelquefois des Muses et même de Mercure, lorsque parmi ses nombreux attributs, on lui veut donner ceux de l'éloquence.

Ces statues groupées sont moins admirées que celles de Canova.

Dans l'un des ateliers de Thornwaldsen on voit de même

un jeune berger ayant son chien fidèle à ses côtés. Avec son grand bâton, je ne dirai pas sa houlette, il garde son troupeau, et dans ses traits respire le calme d'une vie champêtre que la crainte ni les passions ne peuvent troubler.

Mais la statue considérée comme son chef-d'œuvre est Mercure chargé par l'infidèle Jupiter de tuer Argus. Il l'avait endormi aux sons d'un luth pendant que, suivant l'ordre de Junon, il gardait la Nymphe Io, métamorphosée en vache. Il dépose l'instrument en silence, tire un glaive à deux tranchants, et regarde Argus avec cette fixe attention qui indique la crainte de le réveiller.

Tout est plein de vie dans cette statue moins grande que nature.

On voit aussi les plâtres de treize belles statues, les douze apôtres de grandeur colossale et le Christ bien plus grand encore. Thornwaldsen les a faites pour son propre pays, la ville de Copenhague, où dernièrement on lui a rendu les honneurs dûs à son génie comme à son patriotisme.

Inépuisable dans ce qui exige de la noblesse et du sentiment, Thornwaldsen s'est, vous l'avez déjà compris, principalement fait remarquer dans ses nombreux bas-reliefs et ses monuments funèbres : cela montre combien chez lui le cœur est en harmonie avec le génie inspirateur de ses œuvres.

Les ateliers de Ténérani attestent également sa réputation et ses nombreux travaux. Toutefois, il ne réunit pas, dit-on, à un égal degré le génie d'invention et ce talent d'exécution auquel il doit sa position élevée au-dessus de tous les autres sculpteurs.

Au milieu de toutes ses productions, on remarque un haut-relief (ainsi nommé pour sa beaucoup plus grande saillie) représentant une descente de Croix. Quatre figures le composent : un homme, encore sur l'échelle, soutient dans sa draperie le corps du Sauveur. On voit tous ses efforts pour ne pas le laisser tomber, et se tenir lui-même sur cette échelle ; les deux mains reçoivent le corps et le supportent également.

Le duc de Torlonia paye, m'a-t-on dit, ce haut-relief, de grandeur colossale, 2,000 liv. sterling, et le destine à une église, comme beaucoup d'autres statues, pour lesquelles il est toujours généreux.

Un autre bas-relief très-gracieux est d'une assez grande saillie pour en faire bien ressortir l'effet : c'est la bienfaisance publique. De trois grandes figures, la principale est cette vertu civique. Tout dans son maintien annonce les qualités de son cœur, et elle embrasse avec tendresse deux jolis enfants qu'elle prend sous sa protection maternelle. L'un des génies est le symbole de l'instruction publique, l'autre, de l'agriculture, et chacun d'eux est accompagné de ses attributs particuliers. La conception en est heureuse, morale et parfaitement exécutée.

Parmi ses inspirations consacrées à la tristesse, je ne puis pas omettre un grand bas-relief exprimant si bien le douloureux moment d'une séparation éternelle.

Une jeune fille, résignée à la mort, s'éloigne cependant à regret de son père. Il cherche, mais inutilement, à la retenir par la main; et tandis que sa mère, devant elle, à genoux, et dans les angoisses du désespoir, la supplie de rester encore un instant avec eux ; un petit chien, sensible également aux regrets, saute après elle et cherche à caresser sa main défaillante !

Telle est l'heureuse pensée d'un homme qui ne serait certainement pas aussi honorablement placé dans le monde artistique, si le cœur, chez lui, comme chez Thorwaldsen, ne s'harmoniait pas autant avec le ciseau.

Mais au-dessus de toutes ces œuvres, de toutes les statues modernes de Psyché, de grandeur naturelle, est incontestablement la Psyché malheureuse de Ténérani. Sur un marbre blanc comme la neige, il l'a saisie à l'instant où elle s'abandonne au chagrin d'avoir ouvert la boîte que lui avait donnée la perfide Proserpine. La tête penchée sur une épaule, les yeux éteints, les ailes (de papillon, dont la légèreté indique la nature spirituelle de l'âme) tombant avec un naturel étonnant, l'abandon de la pose ; tout en elle inspire la pitié, l'admiration.

Vient après Tenérani, l'artiste heureux d'avoir si bien traité le sujet souvent étudié de Psyché, il signor Finelli, dont le groupe de l'amour et de la même jeune personne offre avec beaucoup de grâce et de naturel, l'image des petites coquetteries de société.

Cette aimable enfant, dans l'excès de son amour, veut couvrir de baisers le capricieux Cupidon ; il détourne ses regards et feint d'être irrité pour se faire prier davantage : elle le presse contre son cœur et l'empêche de fuir. Il veut encore résister ; mais enfin il cède à de si aimables caresses, et va laisser tomber son arc qu'il avait saisi en songeant à s'envoler.

Ce très-beau groupe appartient au duc de Dévonshire, l'un des riches seigneurs anglais possesseurs des plus belles productions de la sculpture romaine.

L'étude de Bien-Aimé montre avec un sentiment de plaisir deux bacchantes ; l'une d'elles est, dans sa danse, remplie de grâce et de légèreté.

Mais dans son Télémaque, cet artiste développe toutes les ressources de la statuaire. Le fils d'Ulysse, de grandeur colossale, prend ses armes pour aller à la recherche de son père. La noblesse de l'expression, les beautés académiques de sa nudité, et le parfait ensemble des détails font universellement admirer cette production héroïque.

M. Wolf, plus jeune, a par conséquent moins travaillé ; cependant il possède un beau groupe de deux amazones, de 6 pieds de hauteur : l'une d'elles est blessée et soutenue par sa compagne. Les draperies produisent un bon effet, et le caractère belliqueux de ces dames s'allie heureusement avec les grâces du beau sexe.

Le même artiste vient de finir un beau modèle en terre glaise, de Prométhée cherchant à cacher au maître des dieux une torche allumée pour animer sa statue. On le voit s'avancer vers son ouvrage en regardant avec anxiété si Jupiter l'aperçoit.

Ce malheureux est bien loin de prévoir l'horrible supplice auquel le condamne Salvator Rosa, dans un effrayant tableau de la galerie Corsini, où cette victime du despotisme, enchaînée sur un rocher, a les entrailles déchirées par un vautour !

Ce doit être l'emblême bien fidèle des tourments attachés à l'envie !

Nous avons ensuite parcouru les ateliers de plusieurs sculpteurs anglais et américains.

Chez M. Crawford, de la Colombie, entr'autres statues, existe un bel Orphée, de grandeur naturelle. Il vient d'endormir, aux sons de sa lyre, le terrible Cerbère, dont les trois têtes se sont abandonnées au plus profond sommeil. Orphée saisit ce moment pour se lancer dans les ténèbres de l'Enfer. Son empressement est bien caractérisé, et sa main gauche le garantit des rayons du soleil, afin de distinguer, au premier instant, la route à suivre dans l'obscurité.

M. Theed, anglais, a fait aussi une très-jolie Psyché, debout, fort bien drapée depuis le bas de la taille, et tenant dans la main droite l'arc de son Cupidon. La tête appuyée sur le bout d'un doigt de la main gauche, la pose et l'expression de la figure annoncent l'inquiétude de cette jeune et aimable enfant. Elle semble se dire :..... Viendra-t-il, ou, ne viendra-t-il pas ?

On voit chez ce statuaire, un grand nombre de portraits en buste, genre auquel ne s'adonnent pas toujours les artistes d'une réputation très-supérieure. Il les fait payer de trente à cinquante louis, selon le plus ou moins de draperies et les dimensions.

Macdonald a le plâtre d'Ulysse revenu déguisé en mendiant, et qu'un vieux chien, seul, a reconnu. Ce bon animal montre dans sa pose aux pieds de son maître, et dans l'expression de tout son être, combien il est heureux de le revoir !.... Ulysse le regarde avec étonnement et paraît se demander si sa femme aussi le reconnaîtra.

Dans ce sujet plein de sentiment, l'artiste n'a pu rendre le récit non moins attachant de l'Odyssée, où ce chien fidèle, après 20 années d'absence de celui qui l'a nourri, est abandonné sur un fumier. Argus a senti son maître; il remue la queue, et baisse les oreilles; mais il ne peut se traîner jusqu'à lui, et la mort lui ferme les yeux. A cette vue, Ulysse détourne la tête pour essuyer une larme et n'être pas encore reconnu d'Eumée, l'un de ses anciens serviteurs.

L'atelier de Macdonald possède aussi une syrène aux formes gracieuses, au regard un peu coquet. Elle est à demi couchée, et soulève de la main droite une draperie dans laquelle voltige le zéphir.

On y voit également une jeune et jolie mendiante à moitié couchée par terre et tendant la main de l'air le plus suppliant ! On lui donnerait réellement avec plaisir, tandis que le spectacle de ces miliers de paresseux vagabonds invoquant la pitié dans les rues de Rome, a quelque chose de repoussant et tue le sentiment de sympathie pour le malheur non mérité.

Macdonald possède un atelier fort curieux par le nombre des bustes, toujours payés 50 louis, et la beauté de ses modèles anglais des deux sexes.

Toute l'Albion semblerait venue à Rome pour s'y faire sculpter, si ce pays, auquel je dois naturellement être fort attaché, n'avait pas la réputation de posséder les traits féminins les plus réguliers et les plus beaux de l'Europe.

Je dirai à cet égard combien ma femme et moi avons

été, comme tous les étrangers, désappointés en parcourant l'Italie.

A Gênes où nous avons vu quelques jolies femmes, on nous a envoyés à Florence pour en admirer davantage. Arrivés à la capitale de la Toscane, on nous a dit : à Rome les femmes sont superbes, il faut vous y rendre..... ici, on ne nous vante point la beauté des Napolitaines..... on les dit laides ;.... elles ne le sont pas plus que les autres. Nous en sommes donc réduits à ne plus compter sur le plaisir de contempler une population riche des charmes d'une belle nature, et à regretter seulement de toute l'Italie, ses admirables couchers du soleil, son ciel, si souvent d'un vert doré qu'avant mon voyage en ce pays je croyais une fiction de la peinture, et ses soirées pures et délicieuses.

Cette admirable pureté de l'atmosphère, plusieurs heures après la disparition du soleil sous l'horizon, me rappelle une expression touchante de l'amour de la patrie.

Dans les charmantes vallées thermales de la principauté de Lucques, très-fréquentées pendant les mois de Juin et de Juillet, nous passions un soir, ma femme et moi, sous les fenêtres d'une maison habitée par des dames, et nous entendîmes cette douce exclamation : « Ma bonne amie, n'est-ce pas là le ciel de notre chère Ecosse !.... » C'est bien l'occasion de répéter, à tous les cœurs bien nés, que la patrie est chère !

Nous avons terminé nos courses chez un homme de beaucoup de mérite. M. Gipson, anglais, a deux fois représenté Cupidon tenant sur sa poitrine un grand papillon, image de Psyché (le symbole de l'âme). Il se prépare en tapinois à lui percer le cœur d'une flèche qu'il tire en cachette de son carquois. Le corps et la pose ont beaucoup de grâce, les ailes sont belles, l'expression du regard est bien sentie, et l'on devine l'intention perfide du drôle.

L'atelier de Gipson est fort riche en statues, et l'on y voit aussi le plâtre colossal de la statue de M. Huskisson, membre du parlement anglais, écrasé, il y a peu d'années, par un rail-road.

Cet artiste a également déployé son talent dans un Amour déguisé en mendiant : il cache son arc derrière son manteau, et tend la main avec un air de candeur et de simplicité capable de tromper le plus fin.

Si le noble art de la sculpture occupe une belle place dans la capitale du monde chrétien, les tableaux aussi donnent naissance à de nombreuses transactions; principalement les copies faites par des peintres habiles, mais condamnés à n'avoir pas d'initiative, de cachet particulier, et forcés d'imiter à s'y méprendre la touche de toutes les anciennes célébrités.

On cite à cet égard un fait assez remarquable. Un copiste de Venise voyageait en Allemagne : à Munich, il obtient la permission de voir la galerie du Roi; S. M. s'y promenait. Le peintre s'arrête et regarde attentivement un grand tableau. Le Roi lui adresse la parole : Vous voyez un original très-beau et je l'ai payé tant (fort cher). — Permettez-moi, Sire, de vous faire observer que les artistes chargés par V. M. de le juger, se sont trompés : c'est une copie. — Ce n'est pas possible ! — Veuillez, Sire, faire descendre le tableau, et l'on trouvera derrière mon nom sous un cachet. — Il y était effectivement.

Je demanderai la permission de vous donner sur cette industrie, si je puis m'exprimer ainsi, lorsqu'il s'agit d'une branche aussi intéressante des beaux-arts, plusieurs détails reçus d'un marchand de tableaux.

Pendant notre séjour en Italie, j'examinai, je comparai beaucoup les œuvres des grands maîtres, et sans cultiver moi-même la peinture, je pouvais alors donner assez facilement un nom à quelques œuvres exposées dans les galeries.

Un jour, passant devant un magasin de tableaux, je crois reconnaître la manière d'un peintre, et le demande au marchand. — Vous avez raison, Monsieur, et je vois en vous un connaisseur. Entrez, et causons, car j'aime beaucoup à parler peinture. — Je le préviens de mon seul désir de voir, sans acheter ; et de suite, avec cette loquacité si naturelle aux italiens, il répond à ma question, relative au commerce plus ou moins actif des copies :

— Les Anglais nous font gagner beaucoup d'argent : un homme de la cité de Londres, nouvellement enrichi, arrive à Rome. Il entend de tout côté parler galeries, statues, tableaux ; il lui en faut. Il entre. — Qu'est ce tableau ? — Milord, c'est un Raphaël, un Rubens, un Titien, un Carrache...... toujours un grand nom. — Ah !.. c'est un original ? — Certainement, milord, et si des circonstances particulières, si le commerce allait bien, ce superbe tableau ne se vendrait pas à moins de tant de mille francs ; mais je dois faire un sacrifice, et vous le donnerai pour tant. Mylord le regarde, je le prends, dit-il. — Je lui en vends encore de la même manière, à la condition de les lui envoyer en Angleterre. Bientôt il rentre dans ses brouillards, redevient gros Jean comme ci-devant, et reçoit la visite d'un amateur informé de ses belles acquisitions : c'est mon agent.... Il se récrie contre la fourberie du marchand, déprécie les tableaux au point d'en dégoûter le Mylord, et celui-ci ne croyant pas de sa dignité d'avoir des copies dans son salon, les lui cède pour très-peu de chose. Le courtier me les renvoie, et je les revends de même à d'autres connaisseurs aussi habiles.

Cependant de véritables mylords, possesseurs de belles galeries, nous achètent aussi des tableaux ; mais lorsqu'après s'être réunis plusieurs amis, bons juges, ils ont reconnu un original, ce tableau ne sort plus d'Angleterre ; et, dernièrement, le lord X... m'écrivit : « Des 29 tableaux que » vous m'avez vendus, trois ont été reconnus authentiques » et valent le prix de tous. Je suis donc satisfait. »

Les Camées occupent également à Rome un grand nombre d'artistes et d'ouvriers.

Les Indes Orientales et les côtes d'Amérique fournissent les coquilles sur lesquelles on grave les nombreux sujets empruntés des peintres. Les coquilles ayant les couches inférieures rouges ou brunes viennent de l'Orient ; celles au fond blanchâtre sont Américaines et moins estimées.

Toutes ces coquilles se vendent au poids ; et les brunes étant beaucoup moins grandes que les rouges, offrent moins de surface à l'artiste, et coûtent par conséquent plus cher.

Il en est des camées comme de tous les autres objets d'art : si vous êtes peu connaisseur, vous donnerez plus pour un Camée d'une belle apparence ; mais examinez-le avec une loupe, et vous distinguerez assez facilement le mérite de chacun d'eux.

Quant aux Mosaïques, on en peut acheter de fort jolies pour peu d'argent : toutefois, celles où se réunissent une grande beauté d'exécution et de larges dimensions coûtent des sommes au-dessus des fortunes ordinaires.

Un artiste à Rome a, dans un cadre d'environ 4 pieds de de long sur 2 1/2 ou 3, représenté les ruines de Pestum, dans la partie méridionale des Calabres, et l'on en demande mille louis. On en avait déjà fait trois pour des Souverains, et chacun de ces tableaux, d'une si belle exécution et si riche de coloris, avait exigé, pendant plus de deux années, le travail de deux et trois ouvriers.

Sur une large ardoise de Lavagna, endroit de la côte de Gênes, remarquable pour ses chistes de grandes dimensions, on en met une seconde. On y dessine chaque partie du tableau, et l'on en creuse l'intérieur en conservant exactement les contours. Après avoir rempli de mastic la moitié de la profondeur, on y enfonce, en les enchassant les uns dans les autres, des filets de pâte de toutes les couleurs, carrés pour les ciels, et de formes particulières pour le feuillage ou autres objets. Le mastic, en durcissant, donne à ces filets une résistance inaltérable, et l'on continue ce travail jusqu'au moment de creuser une autre fraction du tableau.

Lorsque tout le cadre est rempli, on le polit comme une table de marbre : on y met ensuite un vernis pour faire ressortir le brillant des couleurs, et le tableau est terminé. Les plus belles peintures ne sont pas au-dessus des Mosaïques faites par d'habiles gens, et ces dernières, de simples copies, ne le cèdent en rien aux originaux. Il suffit, pour s'en convaincre, de parcourir les nefs de la basilique de St-Pierre, où sont reproduits les tableaux des plus grands maîtres. Tels sont la Transfiguration, de Raphaël; la Communion de St-Jérôme, par le Dominicain, regardés comme les chefs-d'œuvre de ces deux peintres; le Martyre de St-Pierre, par Guido Reni, et surtout la chaleureuse copie du Miracle de Ste-Petronille exhumée, et qui, ressuscitée, se présente à J.-C. dans une belle gloire céleste.

Ce vaste tableau est dû au riche et vigoureux pinceau du Guerchin.

Un autre genre de mosaïque était anciennement en usage pour l'ornementation des églises. Le pavé se formait de petits carrés de marbre blanc, de porphyre et de serpentine, pierre calcaire et magnésienne d'une teinte plus ou moins verdâtre, et le travail se nommait Alexandrin de l'empereur Alexandre Sévère (222-35), sous le règne duquel on le perfectionna.

Si nous nous transportons, toutefois sans nous déranger, à Florence, nous y voyons, indépendamment des copistes de chefs-d'œuvre au vaste musée du palais Pitti, une manufacture d'un autre genre de mosaïque, dite des *pierres dures*, la seule existante et entretenue, jusqu'aux derniers évènements politiques, par le grand Duc. On y fait des incrustations très-curieuses par la variété des couleurs, le fini du travail et souvant la richesse des matériaux.

Dans un morceau de marbre, de porphyre, de lapis-lazuli, ou d'autres pierres, réduites en feuilles de 2 à 3 lignes d'épaisseur, veut-on incruster des ornemens, des fruits, des fleurs, des vases, des paysages; le modèle étant peint à la gouache, on en subdivise le dessin en beaucoup de parties, pour les confier à des artistes. L'un, avec un tour et un petit arc garni d'un fil d'acier, coupe, au moyen de l'émeri humide et très-pulvérisé, un morceau de la pierre choisie en suivant très-exactement le tracé donné. Un autre ajuste les diverses pièces sur une lame de cuivre très-mince couverte d'émeri, pour user la pierre sans la limer. — Nous avons vu un fragment de petit ornement qui avait ainsi coûté cinq mois de travail. — Un certain nombre de ces objets terminés, on les rapproche après les avoir découpés en biais, le côté le plus large en-dessous, pour les empêcher, une fois en place, d'en sortir.

Le fonds étant ordinairement composé de plusieurs pièces, on les réunit par le même procédé, et lorsque le dessin est terminé, on le pose avec une légère couche de ciment, sur une ardoise de lavagna : on polit ensuite comme le marbre.

Les nuances sont choisies dans les feuilles de pierres de toute espèce, apportées des quatre parties du monde à Florence, pour y être réduites en feuilles.

La Perse et la Sibérie fournissent le lapis-lazuli. Celui de Perse, plus compact et plus bleu, est presque ausi lourd que l'or, et coûtait cinq piastres la livre toscane, de 12 onces. Le lapis de Sibérie est plus clair, plus calcaire, et moins susceptible de poli. Plus le lazuli est veiné de cette couleur sulfureuse, souvent prise pour de l'or, moins il est estimé ; les plus grandes feuilles de ce précieux minéral ont environ un pied sur 7 à 8 pouces.

La Sicile envoie des pierres d'un jaune chamois, et d'autres couleurs. L'Espagne, l'Egypte, la Toscane, et les carrières de Volterra, dans cette même province, si riches en albâtres, lui procurent également des minéraux.

Pour imiter les plus belles perles, on donne à la calcédoine, — agathe un peu trouble, ou silex avec mélanges — une forme convexe, et dessous on met une feuille d'argent.

Si l'on veut des raisins d'une belle couleur, une améthyste — la pierre la plus recherchée des dames de l'ancienne Rome — avec une feuille d'argent attire également la lumière et produit une illusion complète : Le point lumineux est toujours du côté d'où vient le jour.

On fait aussi des incrustations en relief ; et pour les fleurs et les fruits, des pierres précieuses reçoivent les formes indiquées par la nature.

Dans cet établissement il existe une fort belle table dont l'exécution a exigé 4 années de travail à 6 personnes et coûté 70,000 fr. Elle le cède néanmoins beaucoup en richesse à la table octogone, l'ornement le plus coûteux de la salle del Barroccio, au palais Pitti. Cette table en pierres dures, perles et gemmes de plusieurs espèces, est formée de feuilles d'ornemens, de lézards, de dragons aux écailles brillantes, de fleurs entrelacées répétées symétriquement 8 fois.

La plus riche, sans être la plus gracieuse des tables exposées dans les galeries de Florence, elle a coûté 40,000 séquins, 80,000 écus de 5 fr. 60 c. ou 448,000 fr., et le travail continuel de 20 ouvriers pendant 25 ans.

Tous les chefs-d'œuvre de ce genre sont destinés en présents à des souverains, et l'on réserve au commerce les papillons, les petites branches de fleurs, et autres menus objets. Chaque papillon coûte 2 piastres; s'il y en a deux sur le même fonds, 4 piastres, ainsi de suite.

Malheureusement ce travail fatigue la vue au point, dit-on, de mettre les ouvriers, après dix années d'occupation dans cet établissement ducal, hors d'état de continuer, et de nécessiter une pension du souverain.

Les pierres en feuilles sont classées dans des vitrines où le minéralogiste trouverait la collection la plus curieuse, sans doute la plus riche qui existe; et sans avoir vu les divers effets de lumière dus au choix des pierres, on ne peut se faire une juste idée des grandes richesses de la nature et des ressources de l'art.

Revenus à Rome, nous y trouvons encore une autre industrie qui pourrait aider à en compléter le tableau, celle de la mendicité, la véritable plaie de l'Italie; — mais vous me permettrez de n'en pas dire d'avantage.

Pau, Imprimerie de É. VIGNANCOUR.

www.ingramcontent.com/pod-product-compliance
Lightning Source LLC
Chambersburg PA
CBHW050041230526
45470CB00003B/1393